IL ÉTAIT UNE FOIS...

La conquête spatiale

Dans la même collection

Les fureurs de la planète Terre

L'odyssée de la respiration

L'Égypte des pharaons

Le Moyen Âge

L'eau, trésor de la vie

Les grandes inventions

La Préhistoire

Merveilles du Monde

Les Romains

Les océans

L'aventure de la naissance

D'après la Série conçue et réalisée par Albert BARILLE, avec les dessins de Jean BARBAUD et MANCHU
Texte : Sabine Boccador - Photographies couverture : PhotoDisc - NASA - NASA/JPL-CalTech

Illustrations PROCIDIS

ISBN 978-2-38148-039-8
Dépôt légal : 2e trimestre 2022
PRINTED IN FRANCE

HELLO MAESTRO!

IL ÉTAIT UNE FOIS...
La conquête spatiale

Sabine Boccador

AEDIS

LE CIEL VU PAR LES ANCIENS

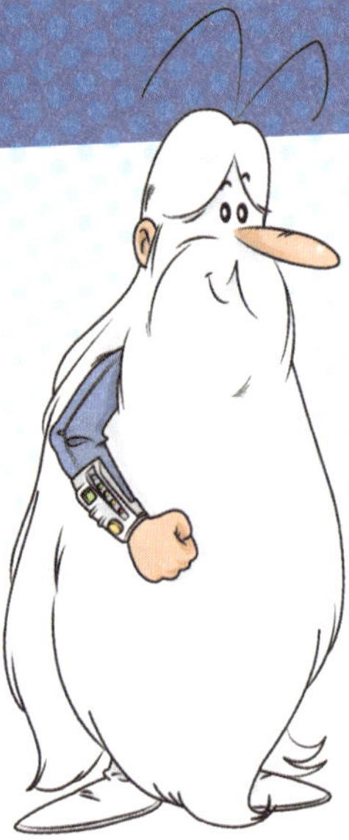

Aujourd'hui, la conquête spatiale permet à l'homme d'aller toujours plus loin, au-delà des frontières de la Terre. Pour les Anciens, l'observation du ciel, du Soleil et de la Lune, était vitale : elle leur a permis de se créer des points de repère, d'apprendre à mesurer le temps, définir les journées et marquer les saisons.

Les premiers observatoires

Certains sites très anciens témoignent déjà de l'intérêt de l'homme pour les astres à des époques reculées. Le cercle mégalithique de Nabta (4900 av. J.-C.), en Égypte, constitué de pierres de 2 m de haut, indique notamment la position du lever du soleil au solstice d'été (le 20 juin, journée la plus longue). C'est aussi le cas de Stonehenge (entre 3000 et 1600 av. J.-C.), dans le sud de l'Angleterre, l'un des monuments préhistoriques les plus impressionnants du monde.

Stonehenge

Des astres tout-puissants

Aux yeux des Anciens, les astres, qui s'élèvent si haut dans le ciel, paraissaient immortels et supérieurs. Ils brillent de tous leurs feux, surtout le Soleil, sans lequel il n'y aurait pas de vie possible. On les vénérait donc comme des dieux. D'ailleurs, le souverain s'attribuait souvent leur pouvoir suprême : l'empereur chinois se considérait comme le fils du ciel, et le pharaon incarnait le Soleil.

Très longtemps, l'homme a pensé que la Terre était plate comme une assiette et qu'elle flottait sur l'eau ! Au-dessus, il y avait le ciel et au-dessous les enfers.

Il fallut attendre le philosophe et savant grec Aristote (384-322 av. J.-C.) pour avoir la preuve que la Terre est bien ronde.

Ptolémée : astronome et géographe.

Les théories mathématiques

Bien avant les Grecs, les astronomes de Mésopotamie (actuelle Irak) avaient déjà des connaissances très élaborées. Les Grecs posèrent ensuite les bases de l'astronomie moderne. Au IIe siècle apr. J.-C., Claude Ptolémée, à force d'observations et de calculs, déduisit que la Terre trônait au centre de l'Univers, imaginant le Soleil et les planètes tournant autour d'elle. En Occident, sa théorie ne fut battue en brèche qu'au bout de 1300 ans !

DES TÉLESCOPES DE PLUS EN PLUS GROS

Ayant recours au développement des techniques, les astronomes mirent au point des télescopes aux miroirs de plus en plus gros, améliorant ainsi leur sensibilité. Ces instruments révolutionnèrent leurs observations. Aujourd'hui, plus d'une vingtaine de télescopes terrestres géants sont à l'œuvre dans le monde.

Le télescope de Herschel

En 1781, l'astronome allemand William Herschel (1738-1822) découvrit la planète Uranus à l'aide des télescopes qu'il fabriquait. Celui qu'il conçut en 1789 fut le plus gros du monde jusqu'en 1845. Son miroir ne mesurait pas plus de 122 cm de diamètre !

© Shutterstock

Le *Very Large Telescope*, ou VLT

Aujourd'hui, le VLT, un ensemble de télescopes géants européens situé dans le désert chilien, obtient une résolution équivalente à celle d'un miroir de 120 m de diamètre ! Et ce n'est pas fini. En 2024, l'ELT, un autre observatoire géant en chantier au Chili, sera l'œil le plus puissant jamais pointé vers le ciel. Il pourra percer le mystère d'astres beaucoup plus sombres.

© Shutterstock

INCROYABLE !

On doit notamment au VLT la photographie de la première exoplanète (planète qui se trouve hors de notre Système solaire) ! Il en a découvert bien d'autres depuis.

© Shutterstock

Les radiotélescopes

Composés d'antennes paraboliques gigantesques et non de miroirs, ces observatoires, parmi lesquels ALMA au Chili, captent des images provenant des régions les plus lointaines de l'Univers. Couvrant une surface comparable à 30 terrains de football, FAST, un radiotélescope chinois, a été inauguré en 2016. C'est le plus grand jamais construit !

L'ESPACE DANS LA FICTION

Les hommes ont toujours rêvé de conquérir l'espace à une époque où ils étaient encore incapables de s'élever dans les airs. Comment trouver le moyen de décoller du sol, de voler au-delà des nuages et, finalement, d'accéder au cosmos ?
Dans ce domaine, l'imagination des écrivains et cinéastes est foisonnante.

Atteindre le Soleil

Le mythe grec d'Icare illustre bien ce rêve fou. Cherchant à s'échapper avec son père, Dédale, du labyrinthe où le roi de Crète les a enfermés, Icare s'envole, porté par une paire d'ailes faite de plumes et de cire. Mais le Soleil, dont il s'approche de trop près, le conduit à sa perte... La cire de ses ailes fond et le voilà précipité dans la mer.

La Lune dans les romans

Un siècle avant que des astronautes ne marchent sur la Lune, l'auteur français Jules Verne propulse ses héros vers notre satellite à bord d'un obus géant lancé par un immense canon. Les romans ***De la Terre à la Lune*** (1865) et ***Autour de la Lune*** (1870) relatent leurs aventures trépidantes.

La Lune au cinéma

S'inspirant des romans de Jules Verne, le cinéaste français Georges Méliès invente les premiers effets spéciaux dans son film ***Le Voyage dans la Lune*** (1902) : la fusée-obus transportant un équipage de savants vient se planter dans l'œil droit de la Lune ! Ils découvrent alors la magie de l'environnement lunaire.

Au-delà du Système solaire

Créée en 1966 par l'Américain Gene Roddenberry, la série télévisée ***Star Trek,*** suivie des films du même nom, captive encore et toujours les passionnés de science-fiction et d'aventures spatiales. C'est aussi le cas de la célèbre saga cinématographique ***Star Wars,*** créée en 1977 par George Lucas, qui se déroule dans une galaxie lointaine, très lointaine...

QUITTER LA TERRE

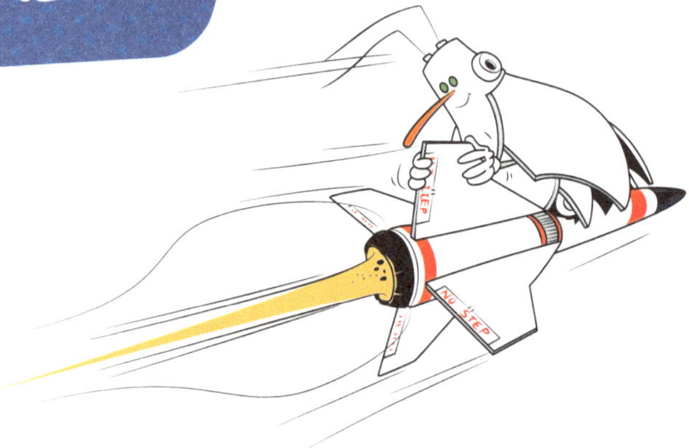

Comment faire pour quitter l'atmosphère terrestre et rejoindre l'espace ? Un vrai casse-tête pour les scientifiques ! Les avions, eux, s'appuient sur l'air pour voler. Or, dans l'espace, il n'y a pas d'air, et un avion tomberait en chute libre. Reste la fusée… C'est au cours de la première moitié du XXe siècle que tout se joue.

La toute première fusée

Le 16 mars 1926, aux États-Unis, le physicien et ingénieur Robert H. Goddard (1882-1945) fait décoller la première fusée à carburant liquide de l'histoire. Elle atteint alors une hauteur de 12,5 m. Plus tard, il perfectionne ses prototypes, qui finissent par décoller jusqu'à 12 000 m d'altitude !

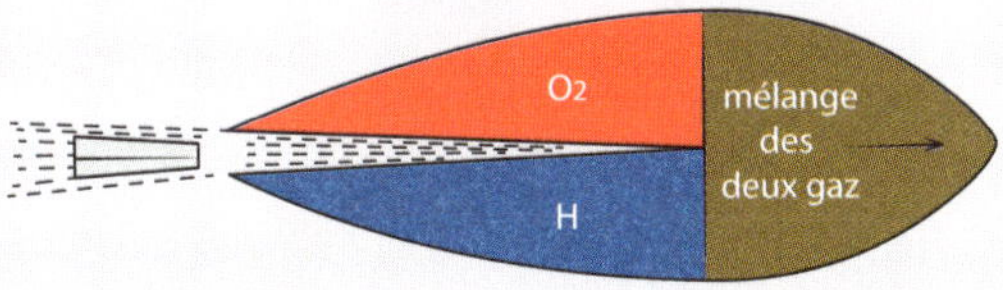

En 1903 déjà, le Russe Constantin Tsiolkovski (1857-1935), qui enseigne les maths et la physique dans un collège, imagine tout seul des fusées à étages, des carburants liquides, des moteurs, et même des stations spatiales !

Des fusées de guerre

Dans les années 1930, la fusée est conçue comme une arme de guerre destinée à transporter des bombes.
Le missile V2, une bombe volante, est employé par les Allemands pendant la Seconde Guerre mondiale.

Un lancement historique

Responsable du programme spatial soviétique de l'après-guerre, Sergueï Korolev (1907-1966) est le père de la conquête spatiale. En 1957, sa fusée ***R-7 Semiorka*** est la première à rejoindre l'espace. Elle place en orbite le premier satellite de l'humanité, ***Spoutnik 1*** !

UNE FUSÉE, COMMENT ÇA MARCHE ?

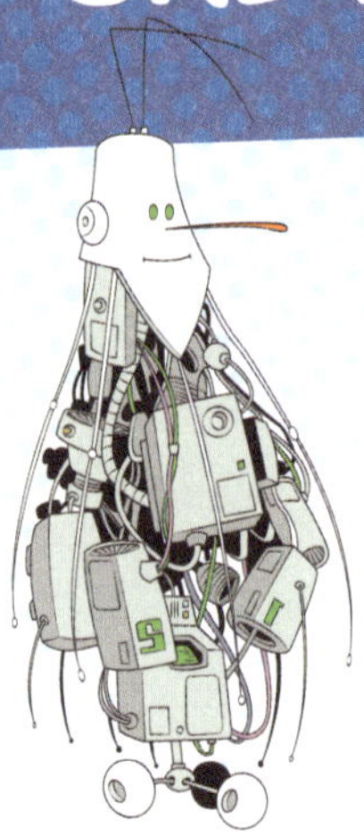

Dans le vocabulaire des spécialistes, une fusée est appelée « lanceur ». C'est que son rôle consiste à « lancer » et donc à propulser dans l'espace une charge utile : des satellites ou des hommes. Son travail s'arrête là, mais il est essentiel. La plupart des fusées employées jusqu'à présent sont « jetables ». Elles ne servent qu'une seule fois.

Le principe d'action/réaction

La fusée n'acquiert sa colossale force de propulsion vers le haut qu'en expulsant vers le bas des gaz brûlants (2 000 °C !) à très grande vitesse (30 000 km/h !). On pourrait la comparer à un ballon de baudruche qui se dégonfle brutalement : l'air qu'il libère vers le bas le fait remonter.

Un long tube démontable

Une fusée ressemble à un long tube composé de plusieurs étages (trois le plus souvent), chacun étant équipé d'un moteur. Ces étages se séparent au fur et à mesure que la fusée monte, et retombent sur la Terre quand ils ont épuisé leur carburant. La fusée s'allège ainsi progressivement. Tout en haut trône la coiffe, qui abrite la charge utile. Celle-ci poursuivra le voyage seule.

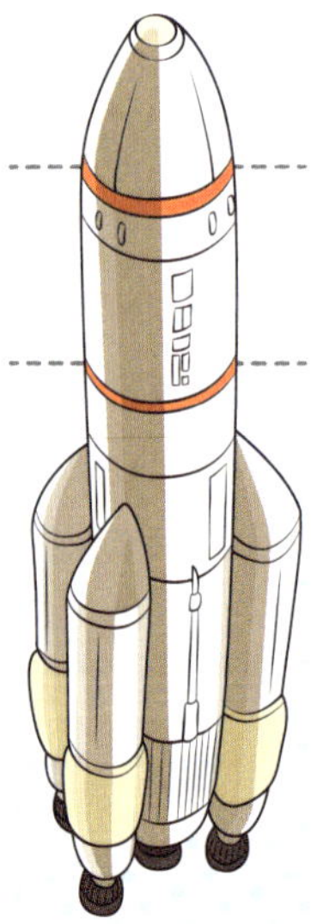

© Bridgeman

Contrairement à ce que l'on pourrait croire, la fusée adopte une trajectoire inclinée. Elle ne monte verticalement que pour sortir de l'atmosphère terrestre.

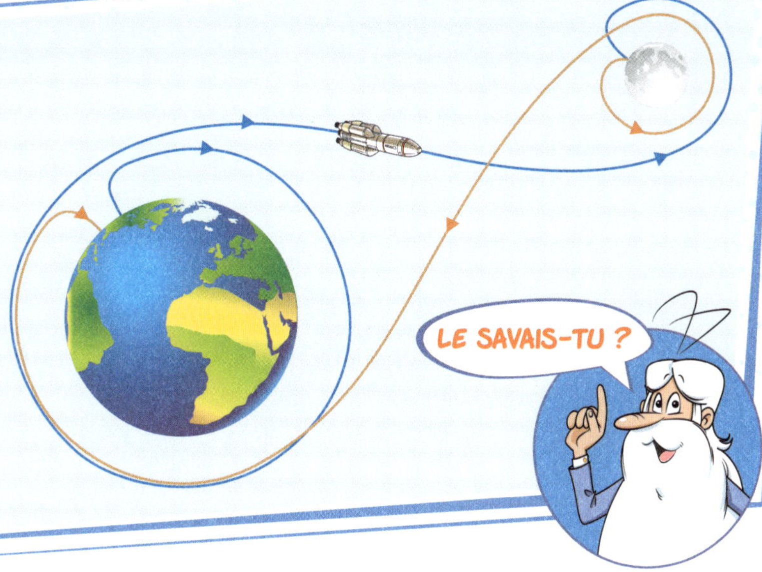

INCROYABLE !

Lancée pour la première fois le 4 juin 1996 de la base de Kourou en Guyane, la fusée Ariane 5 a effectué 109 lancements. D'une hauteur de 55 m pour un diamètre de 5,4 m, le lanceur européen pèse 750 tonnes au décollage, soit... le dixième du poids de la tour Eiffel.

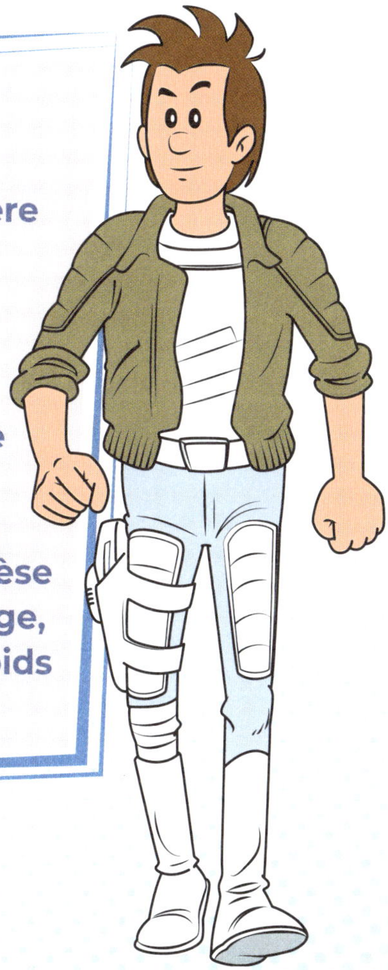

LES PREMIERS VOLS SPATIAUX HABITÉS

Le lancement du satellite ***Spoutnik 1*** en 1957 inaugure une nouvelle ère de la conquête spatiale. Mais il reste un énorme pas à franchir. Les êtres vivants sont-ils capables de voyager si loin ? Supporteront-ils la chaleur liée à la traversée de l'atmosphère, ainsi que le froid spatial et l'apesanteur ?

Laïka, la première cosmonaute

Avant d'envoyer l'homme dans l'espace, les Soviétiques décident de faire voyager un mammifère. Leur choix se porte sur une petite chienne prénommée Laïka. Le 3 novembre 1957, équipée d'une combinaison de cosmonaute, elle s'envole à bord de la capsule ***Spoutnik 2.*** Malheureusement, la chaleur qui y est insoutenable lui est fatale. Mais Laïka devient une véritable héroïne de la conquête spatiale.

Dans cette même période, d'autres animaux (chats, chiens, macaques) sont envoyés dans l'espace, mais ils n'ont pas fait date dans l'histoire de la conquête spatiale.

Mission réussie pour Ham

Le 31 janvier 1961, les Américains envoient le petit chimpanzé Ham dans l'espace. À bord de la capsule ***Mercury,*** il culmine à 250 km d'altitude ! Contrairement à Laïka, il revient sain et sauf sur Terre et amerrit dans l'océan Atlantique. Il est fêté comme un héros. Ce test prouve qu'il est possible d'envoyer un homme dans l'espace.

Youri Gagarine

Le premier homme dans l'espace

Quand il décolle vers l'espace, le 12 avril 1961, le jeune cosmonaute russe Youri Gagarine, âgé de 27 ans, sait que c'est un pari risqué. Il réussit pourtant à faire le tour de la Terre en moins de 2 heures dans des conditions « normales » ! Son retour dans l'atmosphère est moins évident. Mais il parvient à s'éjecter de la capsule ***Vostok*** à 7 000 m d'altitude et achève sa descente sous un parachute. Les médias du monde entier diffusent photos et interviews du héros soviétique !

Le programme Mercury

Dans la compétition qui les oppose aux Soviétiques, les Américains souhaitent rattraper leur retard. Le 20 février 1962, c'est au tour de John Glenn de décoller, à bord d'un vaisseau ***Mercury,*** presque un an après Youri Gagarine. Il parvient à effectuer trois tours de Terre lors d'un vol de 5 heures ! Son retour est plus compliqué. Un problème technique le contraint à contrôler manuellement le vaisseau, alors que le vol est automatisé.

© Bridgeman

John Glenn

La première femme dans l'espace

Lorsque la jeune Russe Valentina Terechkova, âgée de 26 ans, décolle le 16 juin 1963, elle a rendez-vous dans l'espace avec un autre cosmonaute parti deux jours plus tôt. Les deux capsules s'approchent à 5 km l'une de l'autre. Au cours d'un voyage de près de trois jours, Valentina Terechkova effectue 48 tours de Terre. C'est plus que les quatre premiers vols américains cumulés ! Au moment de repartir, son vaisseau l'entraîne vers l'espace au lieu de la rapprocher de la Terre ! Heureusement, le problème se règle et elle parvient à regagner le sol.

La première sortie dans l'espace

1965

Le 18 mars 1965, le Russe Alexeï Leonov sort du vaisseau ***Voskhod 2*** dans lequel il a été propulsé. Vêtu d'un scaphandre alimenté en oxygène, relié au vaisseau par un cordon de sécurité de 5 m, il fait une sortie de 10 minutes dans le vide spatial : Leonov expérimente alors l'apesanteur et contemple la Terre. Mais quand il tente de réintégrer le vaisseau, il constate avec effroi qu'il ne peut plus passer dans l'ouverture du sas, car son scaphandre pressurisé a gonflé ! Une seule solution s'offre à lui : évacuer l'air de son scaphandre pour le faire dégonfler. Mission réussie !

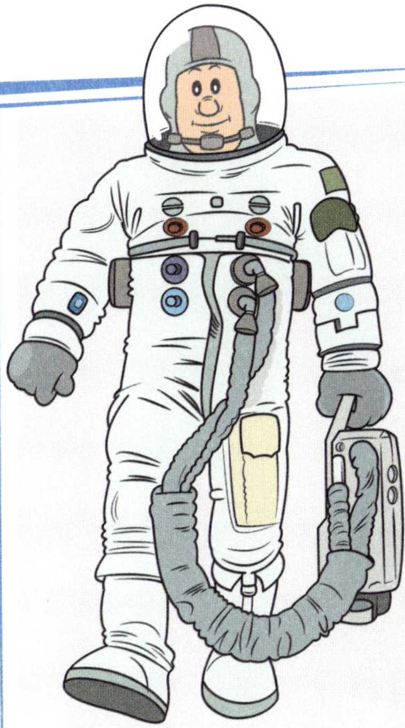

Alexeï Leonov dans son scaphandre

INCROYABLE !

L'effort physique intense que fournit Leonov pour faire dégonfler son scaphandre lui fait perdre 6 kg d'un coup !

OBJECTIF LUNE

Le 16 juillet 1969, en Floride, l'imposante fusée américaine ***Saturn V*** s'arrache de son pas de tir dans un vacarme qui fait trembler le sol à 8 kilomètres à la ronde. Sous sa coiffe, le vaisseau ***Apollo 11*** abrite trois astronautes expérimentés: Neil Armstrong, le commandant, Buzz Aldrin et Michael Collins. Leur objectif: marcher sur la Lune!

Buzz Aldrin et Neil Armstrong

Le voyage

Une fois propulsé par la fusée sur sa trajectoire, le vaisseau *Apollo* entame un voyage inédit de trois jours au terme duquel il se place en orbite lunaire. 380 000 kilomètres le séparent alors de la Terre! Peu après, Neil Armstrong et Buzz Aldrin prennent place dans le module lunaire, ***Eagle,*** qui se détache du vaisseau et amorce sa descente vers notre satellite. Michael Collins attend leur retour à bord du module de commande d'***Apollo.***

On a marché sur la Lune

Le 21 juillet 1969, l'équipage s'apprête à sortir du module ***Eagle*** posé sur la Lune. La porte s'ouvre sur Neil Armstrong, qui descend lentement l'échelle vers le sol lunaire. À l'instant où il y pose le pied, il prononce cette phrase restée gravée dans les mémoires : ***« C'est un petit pas pour l'homme, mais un bond de géant pour l'humanité. »*** Buzz Aldrin lui emboîte le pas. Sur Terre, des millions de téléspectateurs assistent à ce moment historique !

Un bref séjour

Pendant 2 heures 31 minutes, Neil Armstrong et Buzz Aldrin prennent des photos de la surface lunaire, y installent des appareils scientifiques et récoltent des roches. Ils rejoignent ensuite Collins en orbite. Trois jours plus tard, ***Apollo 11*** amerrit dans l'océan Pacifique. Les trois astronautes sont accueillis comme des héros !

INCROYABLE !

La fusée *Saturn V* est une géante de 111 mètres de haut, soit l'équivalent d'un immeuble de 36 étages ! Elle pèse 2 800 tonnes ! C'est la plus grosse fusée jamais construite.

LES AUTRES MISSIONS APOLLO

Après le succès d'***Apollo 11,*** les expéditions vers la Lune se succèdent. Entre novembre 1969 et décembre 1972, six autres missions habitées ***Apollo*** poursuivent l'exploration de notre satellite. L'une d'elles, ***Apollo 13,*** ne peut alunir en raison d'une explosion dans le vaisseau. Heureusement, l'équipage parvient à regagner la Terre, sain et sauf.

Des progrès constants

Ces missions sont programmées pour explorer différentes zones de la Lune. À chaque nouvelle tentative, les équipages parviennent à prolonger un peu plus leur séjour et à rapporter des échantillons de roche en quantités plus importantes. Ils découvrent une grande variété de paysages et de formations géologiques. Au total, douze astronautes foulent le sol lunaire.

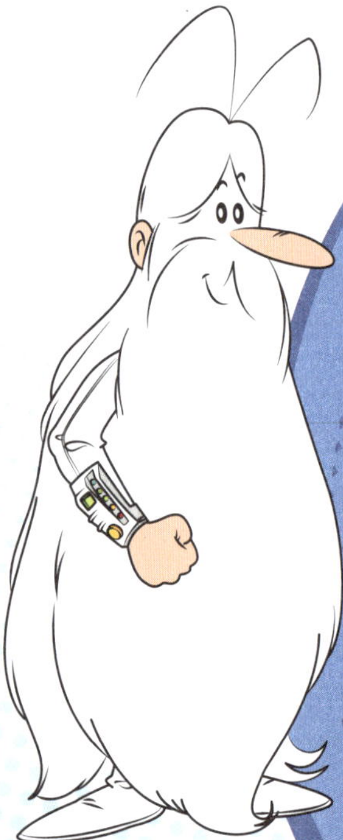

© NASA

En raison de l'apesanteur, la jeep lunaire pèse seulement 35 kg sur la Lune au lieu de 210 kg sur la Terre ! Les astronautes sont eux aussi beaucoup plus légers.

Une jeep lunaire

La mission Apollo 15 est, elle aussi, très innovante ! Pour faciliter les explorations de l'équipage, la NASA conçoit une jeep lunaire, repliée pendant le voyage dans le module lunaire. Fin juillet 1971, elle permet aux astronautes de parcourir près de 28 kilomètres sur la Lune. Mais ils ne s'éloignent jamais à plus de 10 km de leur module afin de pouvoir le rejoindre à pied en cas de panne du véhicule. L'expérience est renouvelée avec Apollo 16 et Apollo 17.

Une excellente récolte

Ces sept expéditions ont permis de collecter 342 kg de roches lunaires, d'effectuer des centaines de relevés et de prendre d'innombrables photos. L'analyse des roches nous a fourni des informations précieuses sur la Lune, son histoire et sa composition.

LA NAVETTE SPATIALE

© NASA

Contrairement aux fusées, qui ne servent qu'une seule fois, la navette est un vaisseau spatial réutilisable qui effectue des allers et retours entre la Terre et l'espace. Cette sorte d'avion spatial, qui décolle verticalement comme une fusée et revient sur la Terre comme un planeur, sert à transporter des passagers et du matériel.

À quoi ressemble une navette ?

Elle est composée de trois éléments : un avion spatial, appelé orbiteur, un gros réservoir de carburant extérieur et deux fusées d'appoint.
Mesurant 37 mètres de long, l'orbiteur dispose d'une cabine, qui accueille de 2 à 8 passagers, et d'une large soute pour le matériel.

Comment ça marche ?

Peu après le décollage, l'orbiteur largue les deux fusées sous parachutes vers la mer, où elles sont récupérées. Le réservoir, qui se détache aussi, se détruit en rentrant dans l'atmosphère. Après avoir rempli sa mission dans l'espace, l'orbiteur fait demi-tour et atterrit, tous moteurs éteints.

Columbia
© NASA

Trente ans d'histoire

Le 12 avril 1981, ***Columbia,*** la première navette américaine habitée, quitte la Terre. Dans les années suivantes, elle et ses sœurs jumelles se font tour à tour laboratoires scientifiques, livreurs de satellites et réparateurs de télescopes. À partir de 1998, elles se consacrent à l'assemblage de la ***Station spatiale internationale (ISS).*** Le 135e et dernier vol d'une navette spatiale américaine a lieu en juillet 2011.

Discovery

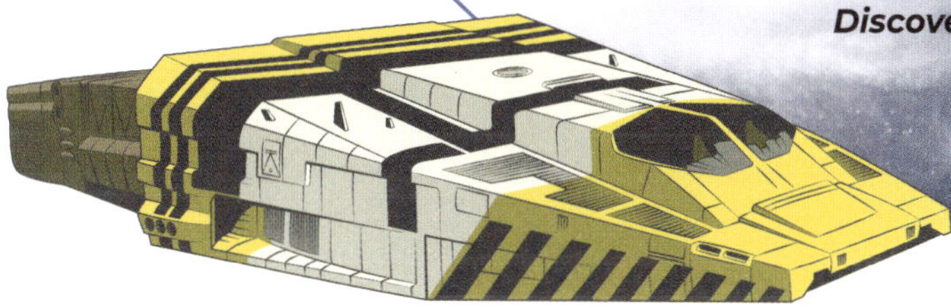

© NASA

Des accidents tragiques, restés gravés dans les mémoires, ont jalonné l'histoire de la navette spatiale américaine. Le 28 janvier 1986, *Challenger* explose 73 secondes après son décollage, avec 7 astronautes à bord. Le 1er février 2003, la désintégration de *Columbia* lors de son retour dans l'atmosphère terrestre fait à son tour 7 victimes.

LES TÉLESCOPES SPATIAUX

Grâce aux progrès de la conquête spatiale, des télescopes sont envoyés dans l'espace à l'aide de fusées. Ces satellites particuliers permettent d'observer les étoiles et les galaxies dans des conditions idéales. Contrairement aux télescopes terrestres, ils ne sont pas gênés par notre atmosphère et peuvent prendre des clichés d'une grande précision.

© NASA

Hubble et ses images magiques

Depuis 1990, ce télescope tourne autour de la Terre à 600 kilomètres d'altitude. Il nous a fourni des images sensationnelles du cosmos, notamment de nébuleuses et de galaxies. Il a même permis de démontrer l'accroissement de la vitesse de l'expansion de l'Univers et l'existence de trous noirs. ***Hubble*** prendra sa retraite en juin 2021.

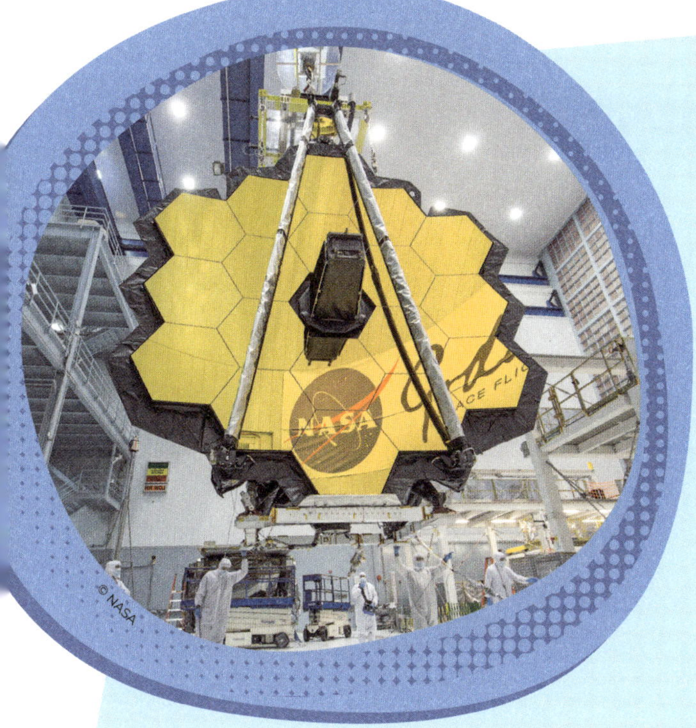

© NASA

James Webb, le successeur de *Hubble*

Fin 2021, le télescope spatial ***James Webb*** sera mis sur orbite autour du Soleil, à 1,5 million de kilomètres de la Terre ! Déplié dans l'espace, il aura la taille d'un court de tennis et un miroir trois fois plus sensible que celui de ***Hubble.*** Sa mission consistera à détecter la faible lueur d'étoiles et de galaxies lointaines.

Au début, les photos prises par *Hubble* étaient floues ! On a donc envoyé des astronautes faire des réparations sur le télescope.

Roman Space Telescope

Succédant au James Webb, il devrait être lancé à la fin des années 2020. Son objectif : percer les mystères de la matière noire, qui apporte cohésion et stabilité aux galaxies. Elle compose 81 % de l'Univers, mais on ignore encore de quoi elle est faite ! Le télescope poursuivra aussi la recherche des planètes qui se trouvent hors de notre Système solaire (exoplanètes).

DES SATELLITES À NOTRE SERVICE

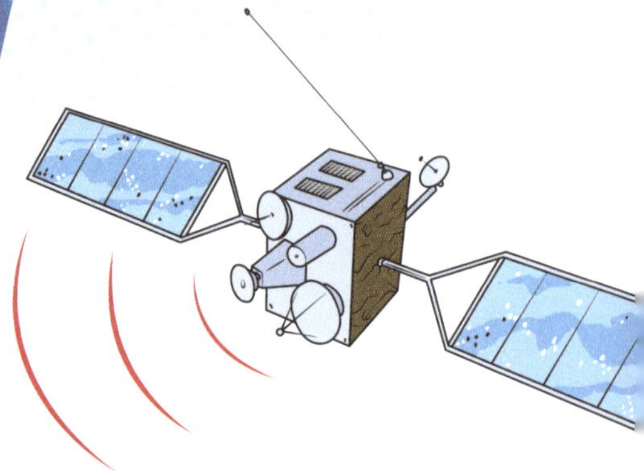

Des satellites autres que les télescopes spatiaux sont envoyés dans l'espace et nous accompagnent discrètement dans notre vie quotidienne. Certains servent de relais pour le téléphone, la télévision ou Internet, d'autres nous aident à prévoir la météo, à nous orienter et à mieux connaître notre planète. Leurs utilisations sont multiples.

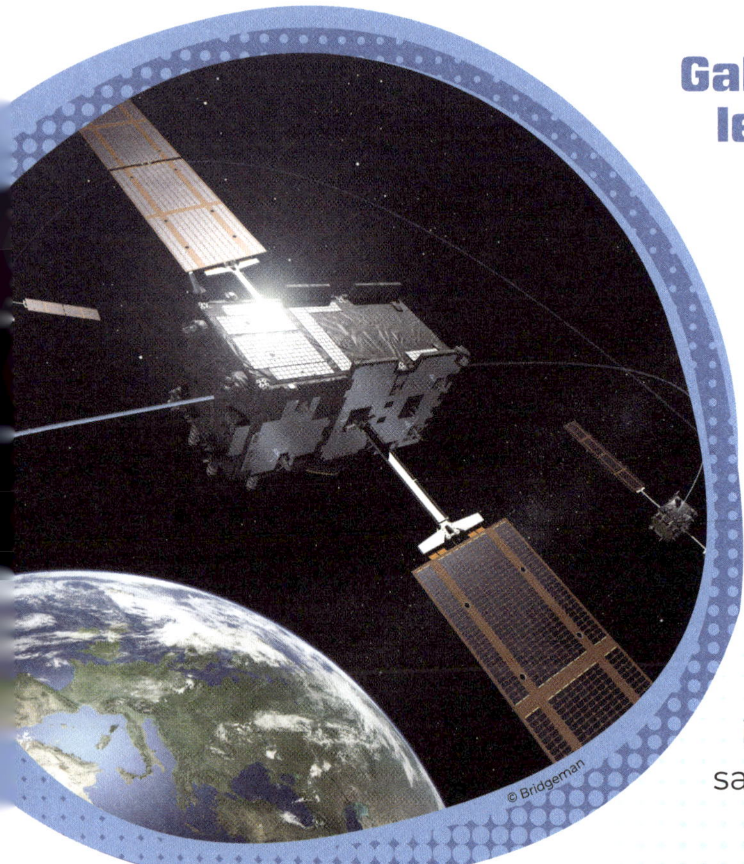

Galileo, le GPS européen

Ce système de localisation et de guidage par satellite est très innovant. Sa précision est d'un à deux mètres, contre cinq à dix mètres pour le GPS classique (américain) ! Son vrai plus : une aptitude à localiser en 10 minutes (au lieu de 3 heures) une personne perdue en mer, en montagne… ! À terme, il fonctionnera avec 30 satellites (au lieu de 24).

e.Deorbit, le nettoyeur de l'espace

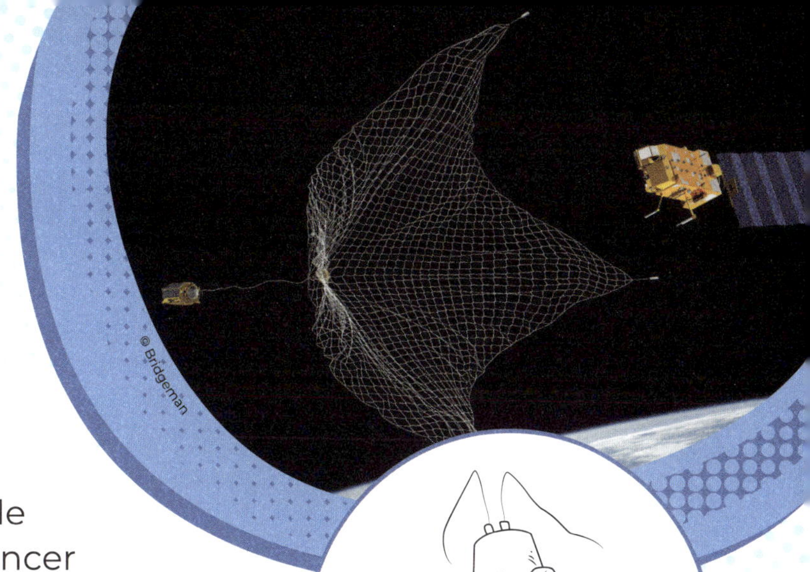

De nombreux satellites obsolètes, ainsi que les étages supérieurs des fusées polluent l'espace. Pour remédier à cette situation, l'Agence spatiale européenne prévoit de lancer en 2025 le satellite ***e.Deorbit,*** qui ira intercepter des débris spatiaux. À l'aide de bras robotiques, il les capturera dans un filet et les emmènera se consumer dans l'atmosphère.

INCROYABLE!

Grâce à la force centrifuge, qui te fait tourner à toute vitesse vers l'extérieur sur un tourniquet, les satellites tournent très rapidement autour de la Terre, orientés eux aussi vers l'extérieur. S'opposant à l'attraction terrestre, cette force réussit à maintenir les satellites au-dessus de nos têtes sans qu'ils ne nous tombent dessus!

Starlink, un meilleur accès à Internet

Déjà visible dans le ciel nocturne, la constellation Starlink de la société privée américaine SpaceX comptera, à terme, plusieurs milliers de satellites! Son objectif: assurer un accès à haut débit à Internet, même dans les zones les plus reculées de la Terre. Ce projet comporte pourtant des risques: possibles collisions avec la Station spatiale internationale, pollution lumineuse pour les télescopes spatiaux et terrestres, multiplication des débris dans l'espace!

DES SONDES SPATIALES

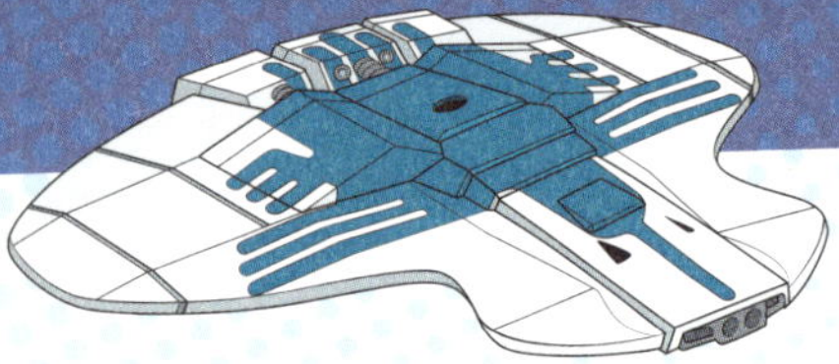

Encore incapable d'entreprendre de longs voyages dans l'espace, l'homme y envoie des engins non habités afin de poursuivre ses explorations. Contrairement aux satellites, qui sont placés en orbite autour de la Terre, les sondes spatiales tournent autour d'autres objets du Système solaire : les planètes, la Lune, le Soleil, mais aussi les comètes et les astéroïdes.

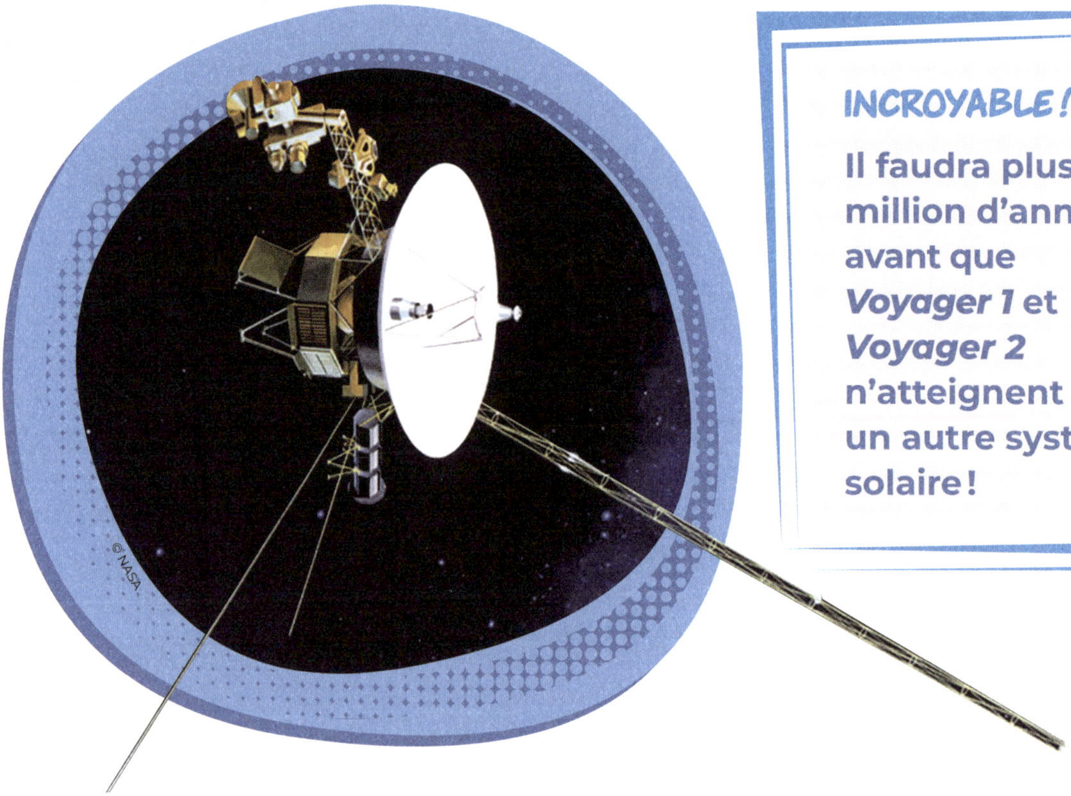

INCROYABLE !

Il faudra plus d'un million d'années avant que *Voyager 1* et *Voyager 2* n'atteignent un autre système solaire !

Une sonde spatiale, comment ça marche ?

Propulsée par une fusée dans l'espace, la sonde poursuit sa route, portée par son élan. Contrôlée à distance, elle est équipée de panneaux solaires qui rechargent ses batteries. Certaines sondes tournent autour d'un corps céleste pour l'observer ou bien se posent directement sur son sol. D'autres y larguent un véhicule d'exploration appelé « rover ».

Au-delà du Système solaire

Lancées en 1977, les sondes américaines ***Voyager 1*** et ***Voyager 2*** (pesant plus de 800 kg) ont franchi les limites du Système solaire après avoir rendu visite à Jupiter, Saturne, Uranus et Neptune et à bon nombre de leurs satellites. ***Voyager 1*** a déjà parcouru plus de 23 milliards de kilomètres depuis la Terre et nous envoie toujours des signaux ! Jamais une sonde n'est allée aussi loin. Elle a plusieurs années d'avance sur ***Voyager 2*** (19 milliards de km seulement !).

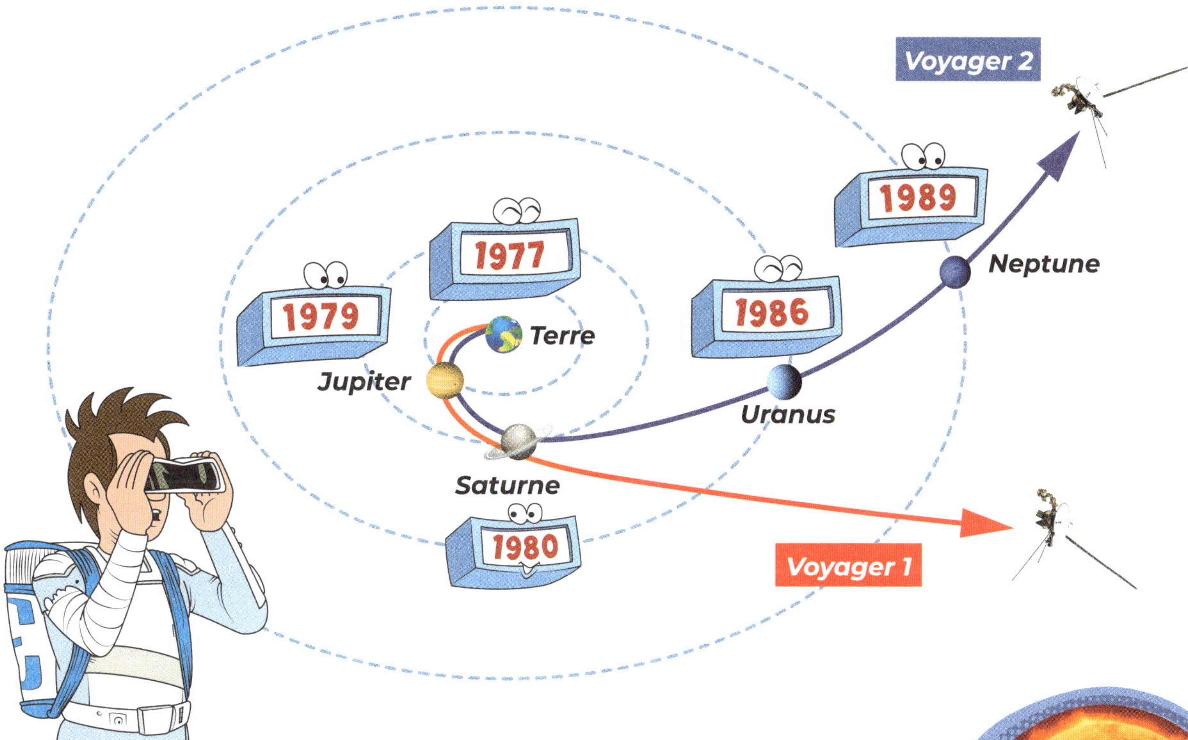

Au plus près du Soleil

© Bridgeman

Aucun engin n'a photographié le Soleil d'aussi près ! Lancée en février 2020, la sonde ***Solar Orbiter*** (de 1 800 kg, soit le poids d'une voiture) équipée de six télescopes nous a envoyé ses premières images. Elle côtoiera notre étoile à 42 millions de kilomètres de distance. En 2018, la sonde ***Parker Solar Probe*** est partie elle aussi à la rencontre du Soleil, plus près encore, pour étudier son activité. Mais elle n'est équipée ni de télescopes ni de caméras.

L'EXPLORATION DE

© NASA/JPL-Caltech

Depuis 1965, Mars, la deuxième planète la plus proche de la Terre après Vénus, fait l'objet d'expéditions incessantes. Toutes sortes d'engins spatiaux (sondes, atterrisseurs et rovers) ont cherché à percer ses mystères. On sait aujourd'hui que la planète rouge n'abrite aucune forme de vie, mais en a-t-il été autrement dans un passé lointain ?

Les missions pionnières

En 1971, ***Mariner 9*** est la première sonde à tourner autour d'une planète autre que la Terre ! Elle réalise 7 000 photos qui couvrent 97 % de la surface martienne. Cinq ans plus tard, les sondes ***Viking 1*** et ***2*** larguent au sol deux engins fixes, appelés atterrisseurs, qui dévoilent les couleurs du paysage martien et récoltent des échantillons de roche. En juillet 1997, ***Sojourner,*** un petit rover d'à peine 11 kg, est le premier à rouler sur Mars !

La valse des sondes

Par la suite, des sondes, toujours plus performantes et mieux équipées, sont mises en orbite autour de Mars (***Mars Surveyor*** en 1997, ***Mars Odyssey*** en 2001 et ***Mars Express*** en 2004, entre autres). Elles précisent la cartographie et les reliefs de la planète et détectent des minéraux (comme l'argile), qui n'ont pu se former qu'en présence d'eau liquide par le passé.

Les jumeaux *Spirit* et *Opportunity*

En 2004, deux rovers identiques, beaucoup plus lourds (174 kg) et perfectionnés que ***Sojourner,*** se posent dans deux régions opposées de la planète. L'étude que ces sondes font des roches confirme que l'eau a autrefois coulé sur Mars. En 2009, ***Spirit*** s'ensable. Il est stoppé net dans son élan. Son frère ***Opportunity*** poursuit sans relâche ses explorations jusqu'en juin 2018, avant d'être paralysé par une tempête de sable. Il s'éteint en février 2019.

© MGS Project, JPL, NASA

© Bridgeman

Culminant sur Mars à 21 km d'altitude (soit deux fois plus que la hauteur de l'Everest), le mont Olympe est le plus grand volcan du Système solaire !

Curiosity : un laboratoire à six roues

Depuis août 2012, le rover ***Curiosity,*** qui pèse 900 kg, arpente à son tour le sol martien. Véritable laboratoire de géologie et de chimie, il est bardé d'instruments et de 17 caméras. Il peut même percer le sol à 5 centimètres de profondeur ! Il a notamment trouvé, dans un ancien lit de rivière, du soufre, de l'azote, de l'oxygène et du carbone, des ingrédients indispensables à la vie.

La mission Mars 2020

Le 30 juillet 2020, le rover américain ***Perseverance,*** un mastodonte de plus d'une tonne, décolle vers Mars à bord d'une fusée ***Atlas.*** Le 18 février 2021, il se pose avec succès dans le cratère Jezero, une zone susceptible d'avoir hébergé un lac il y a 3,5 milliards d'années. La vie s'y serait-elle jadis développée ? C'est à ***Perseverance*** de le découvrir. Il collectera aussi des échantillons de roche qui seront peut-être les premiers à être rapportés sur Terre !

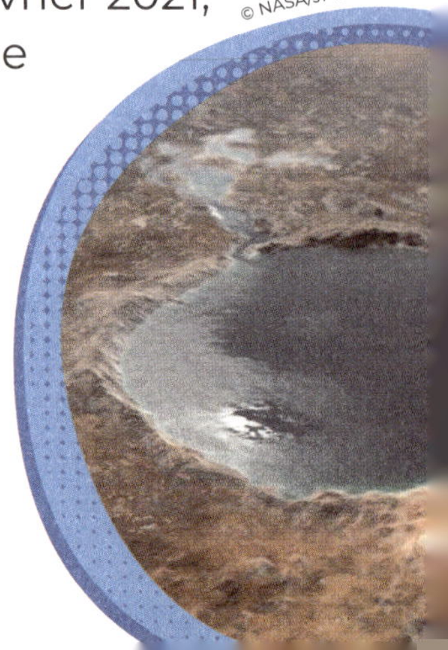

Le cratère Jezero avec de l'eau

INCROYABLE !

L'hélicoptère *Ingenuity*, le compagnon du rover *Perseverance*, doit tenter de voler sur Mars. S'il y parvient, il sera le premier engin à réussir cet exploit sur une planète autre que la Terre !

La mission Tianwen-1

Le 23 juillet 2020, les Chinois partent eux aussi à la conquête de la planète rouge, avec l'envoi d'une sonde, d'un atterrisseur et d'un rover : un trio inédit ! Ces engins auront pour mission de déceler de l'eau et de la glace à la surface et dans le sous-sol. Ils étudieront aussi la géologie et la météo de Mars.

ExoMars, le projet européen

En orbite martienne depuis octobre 2016, la sonde ***TGO*** étudie l'atmosphère de la planète. En 2022, le rover ***Rosalind Franklin*** partira la rejoindre. Son objectif : forer le sol jusqu'à 2 mètres de profondeur pour tenter d'y trouver des traces de vie.

L'ISS

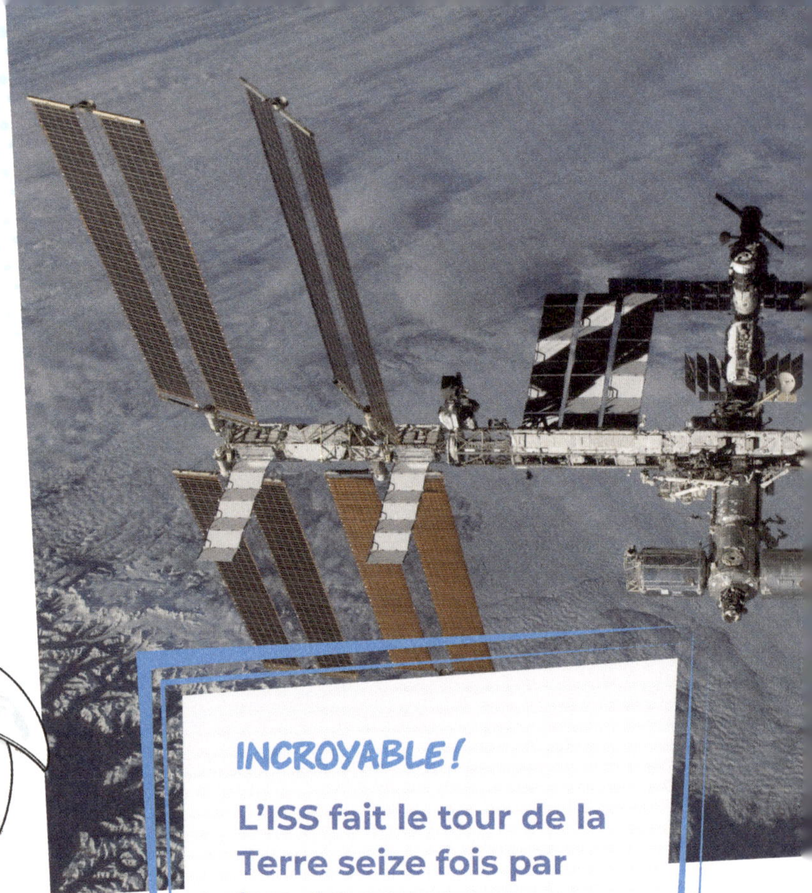

Consacrées à la recherche scientifique, les stations spatiales sont d'immenses vaisseaux qui tournent autour de la Terre. Des astronautes y vivent et y travaillent. En 1971, la station russe ***Saliout 1*** inaugure cette grande aventure. Suivent l'Américaine ***Skylab*** puis la Russe ***Mir.*** Depuis 1998, la Station spatiale internationale (ISS), mise au point par seize pays, prend le relais.

INCROYABLE !

L'ISS fait le tour de la Terre seize fois par jour ! Les astronautes assistent donc en 24 heures à seize couchers et levers de soleil !

Où est l'ISS ?

Semblable à une construction Meccano géante aussi longue qu'un terrain de football, l'ISS est située à 400 kilomètres de la Terre. Elle se déplace sur son orbite à près de 28 000 km/h ! La station a été assemblée de 1998 à 2013 par étapes. Des vaisseaux en ont acheminé les différents éléments.

© NASA

Une activité soutenue

L'ISS est le lieu d'expériences scientifiques réalisées dans des domaines très variés, notamment la biologie, la physique et la chimie. On y étudie par exemple le comportement des plantes ou du corps humain dans l'espace. Les résultats obtenus sont ensuite exploités sur Terre, où ils aident, entre autres, à la mise au point de nouveaux traitements médicaux.

À l'intérieur

L'ISS abrite trois gros laboratoires scientifiques : l'Européen Columbus, l'Américain Destiny et le Japonais Kibo. Elle accueille en permanence de 6 à 10 astronautes de nationalités différentes qui y séjournent 6 mois environ. Ces derniers occupent les espaces de vie et de travail des différents modules.

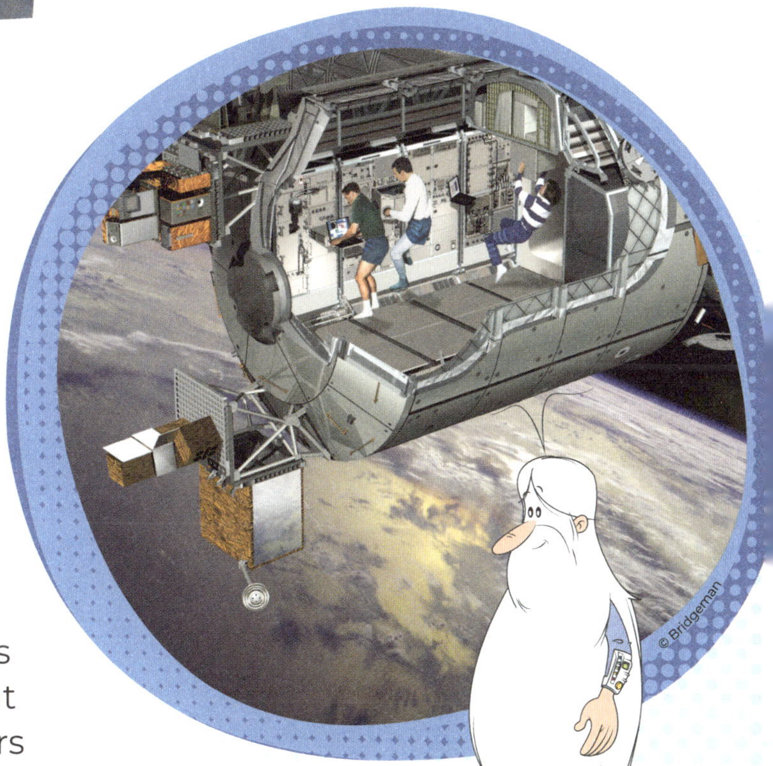

© Bridgeman

Livraison à domicile

L'ISS se fait livrer depuis la Terre tout ce dont les astronautes ont besoin pour vivre et entretenir la station : eau, nourriture, oxygène, matériel scientifique et pièces de maintenance. Ce ravitaillement a lieu une fois par mois. Il est assuré par un vaisseau cargo, que ***Canadarm,*** le long bras robotisé de l'ISS, capture à son arrivée. Une fois déchargé, il sert à entreposer tous les déchets produits à bord de la station. Il repart ensuite vers la Terre, où il se consume lors de son entrée dans l'atmosphère.

Recycler pour plus d'autonomie

À bord de l'ISS, pas question de gaspiller l'eau ou de laisser le robinet ouvert ! Les astronautes veillent à leur consommation pour dépendre le moins possible de la Terre. Ici, les eaux usées, l'urine, la condensation à bord de la station et même la transpiration sont recyclées !

© NASA

Le soleil, une énergie précieuse

Grâce à ses panneaux solaires, l'ISS dispose de ses propres réserves d'énergie pour assurer son fonctionnement. Non protégée par l'atmosphère terrestre, la station est exposée à des températures extrêmes (200 °C au soleil et –170 °C à l'ombre). Une grande partie de l'énergie solaire sert donc à réguler la température à bord.

© NASA

De 2011 à 2018, Robonaut-2, un robot humanoïde de 2,40 mètres, a assisté les astronautes dans des tâches de maintenance basiques. Aujourd'hui, Cimon-2 prend le relais. Équipé d'une intelligence artificielle, ce robot tout rond aide les astronautes dans leurs longues expériences scientifiques et contribue à réduire leur stress.

À BORD DE L'ISS

Pour vivre et travailler dans l'espace, les astronautes (pilotes de chasse, ingénieurs et scientifiques) doivent être en parfaite santé et suivre un entraînement physique poussé. Ils acquièrent aussi de solides compétences informatiques, robotiques et médicales. La maîtrise de l'anglais et du russe est indispensable pour faciliter les échanges.

Une journée type

À bord de l'ISS, les astronautes travaillent environ dix heures par jour ! Levés vers 6 heures, ils ont rendez-vous à 7 heures avec la Terre et les équipes au sol pour la première conférence audio ! La matinée est réservée aux expériences scientifiques. Après une rapide pause-déjeuner, ils consacrent l'après-midi aux travaux de maintenance. Comme tout logement sur Terre, l'ISS, la maison des astronautes, a besoin d'être entretenue !

Des repas conviviaux

Le dîner est l'occasion de passer un bon moment ensemble. Les menus des astronautes sont variés et personnalisés : chacun a le sien ! Il suffit d'injecter de l'eau chaude dans les plats déshydratés pour leur rendre un aspect normal. D'autres sont conditionnés dans des boîtes en aluminium.

La séance de sport

Vers 17 heures commence la séance de sport obligatoire. Comme les astronautes flottent dans l'espace, leur corps ne fournit plus d'efforts et vieillit plus vite.
Pour éviter de perdre trop de masse osseuse et musculaire, ils doivent s'entraîner deux heures par jour ! Vélos d'appartement version ISS, tapis de marche et appareils de musculation sont mis à leur disposition.

À bord de l'ISS, pas question de verser de l'eau dans un verre ! Elle se répandrait partout sous la forme de bulles. C'est la même chose pour la douche ! Pour boire, les astronautes introduisent une paille dans des sachets fermés et en aspirent le contenu.

Les sorties extravéhiculaires

Ces rares sorties dans l'espace sont très attendues par l'équipage. Minutieusement préparées, elles sont destinées à effectuer des travaux de réparation et de maintenance sur la station. Équipés d'un scaphandre qui leur permet de respirer et de se protéger, les astronautes sortent toujours par deux, pendant sept heures environ. Ils sont reliés à la station par un câble et restent en contact radio avec leurs collègues.

L'heure de la toilette

À bord, les lingettes humides font office de douche pour se laver ! Sur les cheveux, légèrement humidifiés, on applique un shampoing qui ne mousse pas et ne se rince pas. Le dentifrice, comestible, s'avale tout simplement.

Drôles de WC

Dans les toilettes, pour éviter de flotter, il faut bien s'attacher avec des sangles à la cuvette ! La chasse d'eau est remplacée par un tube aspirant. La grosse commission est compressée puis stockée avec les autres déchets dans le vaisseau cargo. L'urine est recueillie puis recyclée.

© Bridgeman

© NASA/Tracy Caldwell Dyson

Quartier libre

La soirée et le week-end sont réservés à la détente. Au programme : lecture, musique, films, rédaction du journal de bord et communications avec les proches, sur Terre. Certains chantent ou jouent d'un instrument. Dans la Cupola, une zone qui offre une vision panoramique à 180 degrés, les astronautes ne se lassent pas d'admirer notre planète et de la photographier sous toutes les coutures !

© Bridgeman

Bonne nuit !

Pas simple de repérer l'heure du coucher quand seize levers et couchers de soleil se succèdent dans la journée ! Chaque astronaute dispose d'une petite cabine et d'un sac de couchage accroché à la paroi dans lequel il se glisse et s'attache. S'il fait jour, on se cache les yeux sous un bandeau ou on ferme le hublot.

DE NOUVEAUX ENGINS

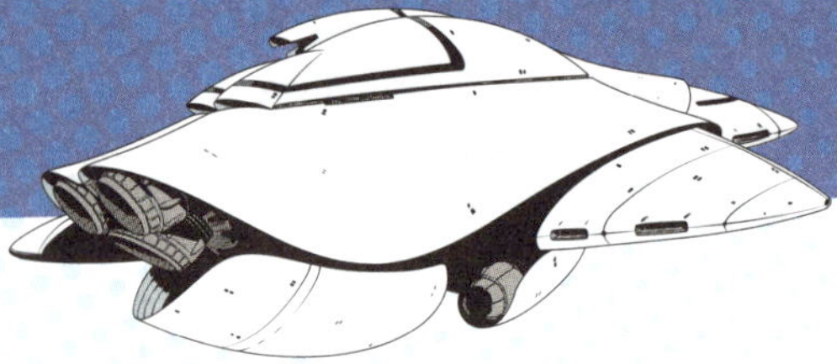

Les agences spatiales du monde entier imaginent de nouveaux engins pour aller toujours plus vite et plus loin dans l'espace. Elles sont aujourd'hui concurrencées par d'ambitieuses sociétés privées américaines, comme SpaceX, qui font avancer les recherches de manière fulgurante.

Des fusées réutilisables

© NASA/Rick Wetherington and Tony Gray

Jusqu'à présent, rien ne subsistait d'une fusée après son lancement. Pour réduire les énormes coûts financiers, on développe désormais des lanceurs partiellement réutilisables ! En mai 2020, la fusée ***Falcon-9*** de la société SpaceX propulse avec succès un vaisseau habité, ***Crew Dragon,*** vers l'ISS. Conçu pour servir jusqu'à dix fois, son étage principal revient se poser sur une barge en mer.

La fusée Falcon-9

© Bridgeman

Orion

© NASA

Des engins pour aller plus loin

Élaboré par la NASA, avec la collaboration de l'Agence spatiale européenne, le vaisseau ***Orion,*** équipé de panneaux solaires, pourra accueillir quatre astronautes ! Il desservira la Lune puis Mars. La fusée SLS ***(Space Launch System),*** une géante de 117 mètres de haut, se chargera de son lancement. De son côté, SpaceX met au point ***Super Heavy/Starship,*** un puissant couple fusée-vaisseau de 120 mètres de haut, entièrement réutilisable ! Sa première mission non habitée vers Mars est envisagée pour 2022.

De nouveaux vaisseaux habités

Depuis 2011, le vaisseau russe ***Soyouz*** est le seul à assurer la relève des équipages de l'ISS. Tout change en mai 2020, avec l'envoi de ***Crew Dragon,*** le véhicule spatial beaucoup plus performant de Space X, qui y achemine deux astronautes américains. Pour remplacer le vétuste ***Soyouz,*** déjà âgé de plus de 50 ans, l'agence spatiale russe développe ***Oriol,*** dont le premier vol habité est prévu pour 2023.

© Shutterstock

LE TOURISME SPATIAL

Qui n'a jamais rêvé de côtoyer les étoiles ? Cette expérience inoubliable en tous points est aussi très exigeante : on ne « prend » pas le vaisseau spatial comme on prend l'avion ! Il faut déjà préparer son corps aux effets de l'apesanteur, pendant de longs mois. Ce projet a aussi un coût exorbitant : au moins 20 millions d'euros !

En direction de l'ISS

Dennis Tito est le premier touriste spatial de l'histoire. En 2001, ce milliardaire américain rejoint l'ISS à bord du vaisseau ***Soyouz***. Par la suite, sept autres personnes richissimes lui emboîtent le pas jusqu'en 2009. Aujourd'hui, la société Space X prend la relève du vaisseau russe avec sa capsule ***Crew Dragon*** qui a permis à quatre astronautes (dont le Français Thomas Pesquet) de rejoindre l'ISS en avril 2021. Mais Space X vise plus haut et ouvre déjà les réservations pour un vol au-delà de l'ISS. Et… vers la Lune !

Thomas Pesquet, premier Françai commandant de bord de l'ISS.

La société française Zephalto prévoit, dès 2024, d'emmener des touristes à 25 kilomètres d'altitude, à bord d'un ballon translucide gonflé à l'hélium ! En dessous de la nacelle, un autre ballon rempli d'air fait monter ou descendre le premier.

Les vols suborbitaux

© NASA

Ces vols dépassent de quelques kilomètres les limites de l'atmosphère terrestre (environ 100 km d'altitude). Moins coûteux que les vols spatiaux (mais très chers encore !), ils permettront aux touristes de découvrir la sensation d'apesanteur et d'admirer la Terre vue d'en haut. Une expérience inédite ! Deux sociétés se livrent une concurrence acharnée : Blue Origin d'un côté, avec sa capsule ***New Shepard,*** et Virgin Galactic de l'autre, avec son avion spatial ***SpaceShipTwo.***

© Shutterstock

SpaceShipTwo

CAP SUR LA LUNE ET MARS

Les grands projets qui occupent les agences spatiales internationales visent à multiplier les missions habitées lointaines. Vers la Lune d'abord, plus proche de nous, qui recèle de nombreuses ressources exploitables (fer, aluminium, titane et manganèse). Notre satellite permettrait aussi d'y mener des expériences en vue d'une future mission habitée vers Mars.

Vers la Lune

Développé par la NASA, le programme Artemis envisage d'envoyer, dès 2024, deux astronautes sur la Lune (un homme et… une femme !) à bord du vaisseau ***Orion***. Ce projet comprend aussi l'assemblage par étapes d'une petite station spatiale, la ***Lunar Gateway,*** en orbite lunaire. Mais attention : elle sera alors mille fois plus éloignée de la Terre que l'ISS ! Les voyages seront donc beaucoup plus longs. Opérationnelle dès 2028, elle implique la participation de l'Europe et d'autres pays.

© NASA

© NASA/Pat Rawlings, SAIC

INCROYABLE !

Dans un futur plus ou moins lointain, si on arrive à maîtriser l'hibernation, les astronautes pourraient être plongés en état de sommeil prolongé pour effectuer de longs trajets vers Mars ou… au-delà.

Et Mars ?

Pour d'éventuelles missions habitées sur la planète rouge, les défis à relever sont nombreux. Ce très long séjour dans l'espace (deux ans et demi) ainsi que l'environnement hostile de Mars comportent notamment d'énormes risques pour la santé humaine. Les expériences en apesanteur menées sur l'ISS – et, plus tard, en orbite lunaire – permettront peut-être de trouver des solutions.
Des projets visant à réduire le temps de trajet des vaisseaux sont également à l'étude. Dès 2035, des humains pourraient fouler pour la première fois le sol martien !

TABLE DES MATIÈRES

IMPRIM'VERT®

Achevé d'imprimer en France par Pollina
N° d'impression : 42222A